SIMONE
FILIPOWSKY

Freak
SHAKES

BUNT, VERRÜCKT, VERLOCKEND
30 SHAKE-IDEEN RUND UMS JAHR

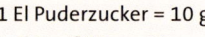

MENGENANGABEN/LÖFFELMENGEN

1 El Mehl, Backpulver, Stärke = 10 g

1 El gehackte Nüsse = 10 g

1 El gemahlene Nüsse = 5 g

1 El Butter = 12 g

1 El Milch, Sahne = 15 ml

1 El Kakaopulver = 5 g

1 El Zucker = 15 g

1 El Puderzucker = 10 g

1 El Konfitüre = 15 g

1 El Honig = 20 g

1 El Öl = 12 ml

1 Tl Backpulver, gehäuft = 10 g

1 Tl Backpulver, gestrichen = 4 g

ABKÜRZUNGEN:

ca. = circa

cl = Zentiliter

cm = Zentimeter

El = Esslöffel

g = Gramm

l = Liter

ml = Milliliter

Tl = Teelöffel

Ø = Durchmesser

ALLE TEXTE UND FOTOS:

Simone Filipowsky

ILLUSTRATIONEN:

Fotolia.com: Sternenstaub, z. B. S. 13 und S. 55 (© appler), alle Strahlen,
z. B. unter Rezeptnamen und alle Sterne (© MicroOne)

Inhalt

Tipps & Hinweise

Bevor ihr euch ans Dekorieren, Sprühen und vor allem Genießen macht, gibt's hier noch ein paar Tipps und Tricks, damit die folgenden Shakes perfekt gelingen.

FASSUNGSVERMÖGEN:
✦ Die Rezepte sind jeweils für 2 Portionen à 250 ml berechnet.

ZUTATENMENGEN:
✦ Die verwendeten Eiskugeln sind recht groß und wiegen etwa 50 g. Man muss sie nicht unbedingt auswiegen, das ist nur praktisch, wenn ein Thermomix verwendet wird. Ansonsten werden für meist 100 g Eis pro Glas immer 2 Kugeln verwendet. Bei einigen Zutaten, wie z. B. Schlagsahne, Schokostreusel u. Ä. gibt es keine Mengenangaben, da hier der persönliche Geschmack entscheiden soll.

ZEITANGABEN:
✦ Sie beziehen sich immer auf die reine Shake-Zubereitungszeit ohne Extras wie Kuchen, Gugel, Muffins und Waffeln. Ausgenommen hiervon ist Fondant-Deko, die extra für die Shakes gearbeitet wird.

VARIATIONSMÖGLICHKEITEN:
✦ Es kann immer variiert werden, ein Richtig oder Falsch gibt es nicht. Sollten die Gläser größer oder kleiner sein, einfach die Eis- oder Milchmenge anpassen. Und bei der Eissorte darf auch nach Herzenslust variiert werden.

- ✦ Wird Farbpulver verwendet, empfiehlt es sich, dieses zuerst heiß aufzulösen. Einfach mit 30-50 ml kochendem Wasser übergießen und umrühren, bis es sich vollständig aufgelöst hat.
- ✦ In meinen Rezepten wird meist nur mit Eis oder Banane gesüßt. Ich empfinde es als ausreichend, aber keinesfalls zuckersüß. Wer mag, verwendet noch etwas zusätzlichen Zucker.

DEKORATION:

- ✦ Standard-Dekorationsmaterial wie Strohhalme, Schirmchen und Spieße werden in den einzelnen Rezepten nicht extra aufgeführt, da sie bei der Zubereitung von Freak Shakes selbstverständlich sind.
- ✦ Ein Fön ist perfekt zum Schmelzen kleiner Schokomengen für den Rand, ansonsten gilt eine Schmelztemperatur von 40-45°C. Die Schokolade kann man gehackt in ein hitzebeständiges Schälchen geben und für einige Minuten schmelzen. Aufbringen lassen sich kleine Mengen gut mit einem Teelöffel. Werden mehr als 2 Portionen zubereitet, empfiehlt es sich, die Schokolade in eine flache (Tapas-) Schale zu geben und die Gläser mit den Rändern einzutauchen.
- ✦ Ein Sahnesyphon (z. B. von ISI) ist eine gute Wahl, wenn man häufiger Shakes macht oder sie für ein Fest in größeren Mengen herstellt. Die Sahnehauben werden für ein optimales Ergebnis wie folgt aufgebracht: Erst die Sahne rundherum kreisförmig auf dem Shake am Glasrand entlangspritzen, dann die Mitte schließen und zum Schluss die Sahnehaube nach oben formen.
- ✦ Einige Süßigkeiten oder Dekoartikel kann man in jedem gut sortierten Supermarkt erwerben. Manche Produkte, wie die Einhorn-Mähne oder besondere Trinkhalme hingegen sind besser oder ausschließlich online zu bekommen. Man kann sie aber immer durch alternative Produkte ersetzen.
- ✦ Auf den beiden folgenden Seiten findet ihr 4 Deko-Rezepte, die öfters auftauchen, danach folgen meine Freak Shakes, mit denen ich euch viel Freude wünsche!

Eure Simone

Fruchtsauce

FÜR CA. 250 ML

200 g Beeren (Blaubeeren,
    Erdbeeren, Himbeeren,
    Brombeeren oder Cranberrys)
1-3 El Zucker
1 Tl Speisestärke

ZUBEREITUNGSZEIT

ca. 12 Minuten

✦ Beeren waschen und putzen und mit 30 ml (bei Cranberrys 100) Wasser einige Minuten leicht köcheln lassen, bis die Beeren weich genug sind, um passiert zu werden. Zucker einrühren. Der Zuckergehalt ist fruchtabhängig. Erdbeeren und Blaubeeren benötigen sehr wenig und Cranberrys brauchen gern einen Löffel mehr.

✦ Stärke in 20 ml Wasser glatt rühren, zu den Früchten geben und mindestens 2 Minuten kochen. Die Fruchtmasse durch ein Sieb in ein Glas oder eine Spritzflasche passieren.

Tipp: Je nach Pektingehalt der Beeren werden die Saucen dick- oder dünnflüssiger. Bei dünnen Saucen diese einfach etwas länger einkochen lassen, bei dicken Saucen mit etwas Wasser verdünnen. Achtung: Beim Erkalten dicken die Saucen stark an.

Mini-Gugel

FÜR CA. 15 STÜCK

65 g sehr weiche Butter
50 g Zucker, 1 Prise Salz
1 Ei Gr. L, 80 g Mehl
1 Tl Backpulver
50 g griechischer Joghurt
Abrieb von 1/2 unbehandelten
    Zitrone
1 Tl Vanilleextrakt

FÜR DIE DEKO

ca. 100 g Puderzucker
1 Spritzer Zitronensaft
bunter Zucker, Fruchtpulver

AUSSERDEM

Fett und Mehl für die Form
Mini-Gugelform aus Silikon

ZUBEREITUNGSZEIT

ca. 40 Minuten

✦ Backofen auf 180 °C vorheizen, die Gugelform einfetten und mit Mehl bestäuben. Butter, Zucker und Salz cremig schlagen. Ei hinzufügen und ca. 3 Minuten aufschlagen.

✦ Mehl mit Backpulver mischen. Joghurt mit Zitronenabrieb und Vanilleextrakt verrühren. Abwechselnd die Mehlmischung und die Joghurtmischung zur Buttermischung rühren. Teig in einen Spritzbeutel füllen und bis zum Rand in die Mulden füllen. Gugel 15 Minuten backen und anschließend 5 Minuten im ausgestellten Ofen stehen lassen. Herausnehmen, in den Förmchen abkühlen lassen und vorsichtig auf ein Kuchengitter stürzen.

✦ Aus gesiebtem Puderzucker, etwas heißem Wasser und Zitronensaft einen dicklichen Guss rühren. Gugel in den Guss tauchen und nach Wunsch dekorieren.

Mini-Donuts

FÜR 6 MINI-DONUTS
60 g Butter, 125 g Mehl
1 Tl Backpulver
1 Prise Salz
65 g Zucker
1 Ei Gr. L, 80 ml Milch
1/2 Tl Vanilleextrakt

FÜR DIE ZUCKERDEKO
50 g geschmolzene Butter
Zimt-Zucker

FÜR DIE GLASUR
ca. 100 g Puderzucker
1 Spritzer Zitronensaft
1 El geschmolzene Butter
Farbe nach Wahl, z.B. Fruchtpulver,
  Sirup oder Lebensmittelfarbe

AUSSERDEM
Donutblech
Butter zum Einfetten

ZUBEREITUNGSZEIT
ca. 30 Minuten

✦ Den Backofen auf 175 °C vorheizen, ein Donutblech mit Butter einstreichen. Butter bei niedriger Hitze schmelzen und abkühlen lassen. Mehl, Backpulver, Salz und Zucker in einer Schüssel verrühren.

✦ Die flüssige Butter mit Ei, Milch und Vanilleextrakt gut mixen. Die trockenen zu den feuchten Zutaten geben und einige Minuten verrühren. Mithilfe eines Spritzbeutels den Teig in die Donutform spritzen und die Donuts 12 Minuten goldbraun backen. Herausnehmen, kurz ruhen lassen, dann aus den Formen nehmen und nach Wunsch glasieren oder in Zucker wälzten.

✦ Für die Zuckerkruste die noch heißen Donuts erst in geschmolzene Butter tauchen, dann in Zimt-Zucker wälzen. Für den Zuckerguss sollten die Donuts vorher vollständig abkühlen. Dann Puderzucker mit etwas heißem Wasser oder Saft zu einer dicken Paste rühren und anschließend die flüssige Butter unterquirlen. Guss nach Wunsch färben.

Regenbogen- / farbiges Popcorn

PRO FARBE WERDEN BENÖTIGT:
FÜR DAS POPCORN
20 g Sonnenblumenöl
50 g Popcornmais

FÜR FARBE UND GESCHMACK
2 El Zucker
½ TL Vanilleextrakt
flüssige Lebensmittelfarbe

ZUBEREITUNGSZEIT
ca. 15 Minuten

✦ Öl in einem großen Topf erhitzen. Popcornmais hinzufügen und den Topf mit einem Deckel verschließen. Den Topf hin und her bewegen, damit das Popcorn ganz mit Öl benetzt wird und nicht anbrennt. Nach einigen Minuten die Hitze abschalten und das Korn im heißen Topf zu Ende poppen lassen.

✦ Zum Färben 30 ml Wasser mit Zucker, dem Vanilleextrakt und einigen Tropfen Lebensmittelfarbe in einem hohen Topf erhitzen, gründlich aber kurz durchrühren und einige Minuten blubbernd kochen lassen, bis sich der Zucker aufgelöst hat. Dann in einer Schale über das bunte Popcorn gießen und mit 2 großen Löffeln schnell durchmischen. Handwarm abgekühltes Popcorn mit den Händen auseinanderzupfen.

SWEET
Unicorn

Für 2 Gläser

FÜR DIE DEKO

1 walnussgroßes Stück Fondant
gelbe oder goldene Lebensmittelfarbe
goldenes Glitzerpulver
30 g weiße Schokolade oder
  Kuvertüre
bunte Zuckerperlen, Zuckersterne
Regenbogen-Popcorn
Minimarshmallows
4 große Marshmallows
Regenbogen-Fruchtgummi
Schlagsahne
bunte Zuckerwatte

FÜR DEN SHAKE

1 Tl Matchablue
  (natürliches blaues Farbpulver
  oder 1-2 Tropfen blaue
  Lebensmittelfarbe)
150 ml Milch
300 g Vanilleeis
50 ml Himbeersauce oder frische,
  bzw. gefrorene Himbeeren

✦ Fondant mit wenig gelber oder goldener Lebensmittelfarbe einfärben. Zu einer ca. 12 cm langen Rolle formen, an beiden Enden verjüngen. Rolle in der Mitte falten und beide Stränge um einen Holzspieß wickeln. Fondant in Glitzerpulver wälzen und mindestens 4 Stunden trocknen lassen.

✦ Schokolade schmelzen, den Rand der Gläser bestreichen und mit Deko bestreuen. Ohren aus den großen Marshmallows zurechtschneiden, Reste der Marshmallows später verwenden. Regenbogengummi auf Spieße stecken.

✦ Für den Shake blaues Farbpulver in 1-2 El heißem Wasser auflösen, synthetische Farbe kann (sparsam) einfach in den Shake gerührt werden.

ZUBEREITUNGSZEIT
ca. 20 Minuten (plus ca.
4 Stunden Ruhezeit)

✦ Milch und Eis einige Sekunden mixen und in 3 Portionen teilen. Einen Teil pur belassen, in den zweiten Teil die blaue Farbe rühren, den dritten Teil mit Himbeeren hochtourig mixen. Alle 3 Sorten Shake abwechselnd in die Gläser gießen, dann die Sahnehaube aufspritzen. Mähne bereitzupfen (darf nicht lange liegen bleiben, nach bereits wenigen Minuten an der Luft löst sich auf). Ohren, Mähne, Regenbogenspieße und Horn anbringen und mit Zuckerperlen und Marshmallows bestreuen.

ETON
Mess

Für 2 Gläser

FÜR DIE BAISERS

2 Eiweiß Gr. M oder L
100 g Puderzucker
1 Tl Zitronensaft
2-3 Tropfen Lebensmittelfarbe
   nach Belieben
Fruchtpulver und gehackte
   Pistazien

FÜR DIE DEKO

30 g weiße Schokolade
   oder Kuvertüre
Zuckerstreusel und Schokoflakes
12 Baisertropfen (s. o.)
Schlagsahne
Erdbeersauce (s. S. 6)

FÜR DEN SHAKE

200 g Erdbeereis
200 ml Milch
100 ml Erdbeersauce (s. S. 6)

ZUBEREITUNGSZEIT

ca. 15 Minuten

✦ Für die Baisers den Backofen auf 90 °C Umluft vorheizen. Eischnee mit Puderzucker und Zitronensaft sehr steif schlagen, nach Wunsch einfärben und mit einem Spritzbeutel mit Tülle schöne Tropfen auf Backpapier spritzen. Nach Wunsch mit Fruchtpulver und gehackten Pistazien bestreuen und 2 Stunden im Ofen trocknen.

✦ Schokolade schmelzen und an die Glasränder streichen. Mit Schokoflakes und Streuseln bestreuen und jeweils 1 Baiser darankleben.

✦ Für den Shake Eis und Milch einige Sekunden mixen und abwechselnd mit Erdbeersauce in die vorbereiteten Gläser füllen. Sahnehauben aufspritzen und die Shakes mit Baisers, Streuseln, Schokoflakes und Erdbeersauce verzieren.

Tipp

Baisertropfen kann man in verschie-
denen Farben auch in gut sortierten
Supermärkten bekommen.

Strawberry
CHEESECAKE

Für 2 Gläser

FÜR DIE DEKO
50 g Cornflakes
2 Mini-Donuts (s. S. 7)
2 Erdbeeren
30 g weiße Schokolade oder
   Kuvertüre (nach Wunsch
   mit rotem Fruchtpulver
   oder Lebensmittelfarbe
   gefärbt)
rote und rosafarbene Zuckerstreusel und -perlen
rotes Popcorn (s. S. 7)
Schlagsahne

FÜR DEN SHAKE
10 Erdbeeren
100 g Milch
100 g Frischkäse
1 El Zucker
1 Tl Vanilleextrakt
200 g Vanille- oder
   Erdbeereis

ZUBEREITUNGSZEIT
ca. 20 Minuten

✦ Cornflakes in einen Gefrierbeutel geben und
mit einem Rollholz fein zerkleinern. Minidonuts
auf je zwei Spieße stecken, Erdbeeren für Deko
und Shake waschen, abtupfen, 2 schöne Exemplare
halbieren und beiseitelegen.

✦ Schokolade schmelzen, nach Wunsch einfärben
und unregelmäßig auf den Glasrand streichen.
Mit Streuseln, Perlen, Cornflakes und Popcorn
bestreuen.

✦ Für den Shake Erdbeeren mit der Milch
30 Sekunden hochtourig mixen. Frischkäse, Zucker
und Vanille hinzufügen und weitere 20 Sekunden
mixen. Eis hinzufügen und 10 Sekunden mixen.
Shake in die vorbereiteten Gläser füllen und mit
Sahnehauben besprühen. Alles mit Popcorn, Cornflakes, Erdbeeren und Schirmchen dekorieren und
jeweils die Donut-Spieße hineinstecken.

PARIS,
mon Amour!

Für 2 Gläser

FÜR DIE DEKO

45 g Karamellcreme aus dem
   Glas
3 El brauner Zucker
Schokoherzen, -kugeln
   und -stückchen
2- 4 Kekse nach Wahl
Schlagsahne
Schokokugeln, Schokoröllchen
2 Mini-Croissants

FÜR DEN SHAKE

4 Kugeln Karamelleis
300 ml Milch
2 El Karamellcreme aus
   dem Glas

AUSSERDEM

Flambierbrenner

ZUBEREITUNGSZEIT

ca. 15 Minuten

✦ 30 g Karamellcreme auf die Glasränder streichen. Einige Stellen dick mit einem Teil des Zuckers
bestreuen und mit dem Flambierbrenner karamellisieren. Deko-Schokolade anbringen und die
Gläser kühl stellen. Die Karamellcreme wird etwas
verlaufen, das ist gewünscht.

✦ In einer feuerfesten Form etwas der restlichen
Karamellcreme streichen (etwa 10 x 10 cm),
die Kekse darauflegen und mit der restlichen
Karamellcreme bestreichen. Creme mit etwas
Zucker bestreuen und sofort karamellisieren.

✦ Für den Shake Eis und Milch einige Sekunden
mixen, in Gläser gießen
und eine Sahnehaube
aufspritzen. Mit zerbro-
chenen, karamellisier-
ten Keksen, braunem
Zucker und Schokola-
denteilchen dekorieren.
Croissants aufspießen
und ins Glas stecken.

SPRING
in the Woods

Für 2 Gläser

FÜR DIE DEKO

1 P. grüne Götterspeise
1 P. Vanillesauce
30 g weiße Schokolade
   oder Kuvertüre
Zuckersterne und -konfetti
   in gelb und grün
gehackte, geschälte Pistazien
1 Stängel Waldmeister,
   falls zur Hand
Schlagsahne
Schokoröllchen

FÜR DEN SHAKE

200 g Vanille- oder
   Waldmeistereis
250 ml Milch
60 ml Waldmeistersirup

ZUBEREITUNGSZEIT

ca. 15 Minuten

✦ Götterspeise und Vanillesauce nach Anweisung zubereiten. Für die Vanillesauce etwas weniger Milch als angegeben verwenden, damit sie dickflüssiger wird. Beides abkühlen lassen. Was nicht verwendet wird, anderweitig vernaschen.

✦ Schokolade schmelzen, auf die Glasränder streichen und mit Zuckersternen und -konfetti, Pistazien und nach Belieben 1-2 Waldmeisterblättern bekleben.

✦ Eis mit Milch und 30 ml Waldmeistersirup einige Sekunden mixen. Die Masse abwechselnd mit dem restlichen Sirup in die vorbereiteten Gläser füllen und mit flachen Sahnehauben besprühen. Götterspeise würfeln. Die Shakes mit Götterspeise, Vanillesauce, gehackten Pistazien, Schokoröllchen und wenig frischem Waldmeister dekorieren.

LOVELY
Easter

Für 2 Gläser

FÜR DIE DEKO

35 g weiße Schokolade oder
  Kuvertüre
24 Mini-Schokoladenostereier
10 Zucker- oder Marzipanmöhren
rosa Schokoraspel
essbares Ostergras (Esspapier)
  in Grün und Rosé
bunte Mini-Marshmallows

FÜR DEN SHAKE

2 El zarte Haferflocken
200 g Joghurt
150 ml Orangensaft
130 ml Möhrensaft
1 El Honig

ZUBEREITUNGSZEIT

ca. 25 Minuten

✦ Schokolade oder Kuvertüre schmelzen. Einen Teil davon auf die Glasränder streichen, Gläser für ca. 3 Minuten kühl stellen. Währenddessen die Schokoeier halbieren und auf die Rückseite der Eier und Möhrchen kleine Schokokleckse geben. Beides mit leichtem Druck am Glasrand befestigen, in die Lücken Schokoraspel streuen.

✦ Aus dem essbaren Ostergras zwei etwa 5 cm hohe Nester formen und diese auf einen Becher (als Platzhalter) setzen. Trinkhalme hindurchstecken und anschließend mit Ostereiern, Möhren und Marshmallows belegen.

✦ Für den Shake die Haferflocken hochtourig im Blender zerkleinern, die restlichen Zutaten hinzufügen und alles zu einem homogenen Shake mixen. In die Gläser füllen und die fertigen Osternester aufsetzen.

HEALTHY
Angel

Für 2 Portionen

FÜR DIE DEKO

1 Päckchen vegane
   Schlagcreme zum Anrühren
12 entkernte Datteln
½ Tl natives Kokosöl
2 Feigen
8 frische Deko-Beeren
getrocknete und gefriergetrocknete Beeren und Früchte
   (z. B. Banane, Himbeeren etc.)
Kokosflocken, alternativ
   Kokosraspel
Amaranth-Pops
1 Handvoll gefrorene
   Beerenfrüchte
2 vegane Kekse nach Wahl

FÜR DEN SHAKE

2 Bananen in Scheiben
   geschnitten und gefroren
200 g frische oder gefrorene
   Erdbeeren, alternativ Himbeeren
100 ml Mandelmilch
2-4 El Blaubeer- oder Brombeer-
   sauce (s. S. 6)

ZUBEREITUNGSZEIT

ca. 30 Minuten (plus
ca. 30 Minuten Kühlzeit)

✦ Die vegane Schlagcreme nach Anweisung zubereiten, in einen mit einer Tülle versehenen Spritzbeutel füllen und kühl stellen. Datteln und Kokosöl mit 1 Tl heißem Wasser in einem Blender oder Blitzhacker zu einer dicken, streichfähigen Paste mixen. Gegebenenfalls die Wassermenge sanft erhöhen. Diese vegane „Karamellcreme" 10 Minuten kalt stellen. Währenddessen die Feigen vierteln und mit den Beeren auf Spieße stecken.

✦ Für die „Nicecream" Bananen, Beeren und Mandelmilch 30 Sekunden hochtourig mixen. „Karamellcreme" dick auf die Glasränder streichen und mit getrockneten Früchten, Kokosflocken und Amaranth-Pops bekleben. Erst die Beerensauce an das Glas streichen, dann die „Nicecream" in die Gläser füllen und Spieße hineinstecken. Mit einer Schlagcremehaube besprühen, mit gefrorenen Beeren belegen und mit je 1 Keks servieren.

vegan

Tipp

Essbare Blüten mit süßlichem oder neutralem Geschmack sind z. B. Gänseblümchen, Stiefmütterchen, Geranien, Kornblumen, Rosen und Obstblüten.

Flower
POWER

Für 2 Portionen

FÜR DIE DEKO
essbare, ungespritzte Blüten
30 g weiße Schokolade
   oder Kuvertüre
3 große Erdbeeren
1 Drachenfrucht
1 Kaki
Schlagsahne

FÜR DEN SHAKE
Erdbeersauce (s. S. 6)
150 g Erdbeeren
200 g Erdbeereis
150 g Milch

AUSSERDEM
Blütenausstecher

ZUBEREITUNGSZEIT
ca. 20 Minuten

✦ Blüten waschen und sanft trocken schütteln. Schokolade schmelzen, dann auf die Glasränder streichen und Blüten vorsichtig daran festkleben. Obst waschen und putzen, in dünne Scheiben schneiden und verschieden große Blüten ausstechen.

✦ Erdbeersaucenstreifen innen an die Glaswände träufeln. Für den Shake Erdbeeren waschen, putzen im Blender pürieren, die restlichen Zutaten hinzufügen und einige Sekunden hochtourig mixen. Shake in die Gläser füllen und Sahnehauben aufsprühen. Trinkhalme hineinsetzen und die Sahne mit Blüten dekorieren.

ARIELLE,
die Meerjungfrau

Für 2 Gläser

FÜR DIE DEKO

30 g weiße Schokolade oder
   Kuvertüre
blaue, türkisfarbene und grüne
   Zucker- und Metalliczuckerperlen
grünes Popcorn (s. S. 7)
4 blaue und grüne
   Schleckmuscheln
Schlagsahne
blaue Zuckerwatte

FÜR DEN SHAKE

1 Tl Matchablue (natürliches
   blaues Farbpulver) in 20 ml
   kochendem Wasser gelöst
   (oder 2-4 Tropfen blaue
   Lebensmittelfarbe)
250 g Vanilleeis
230 ml Milch

ZUBEREITUNGSZEIT

ca. 15 Minuten

✦ Schokolade schmelzen, auf den Glasrand streichen und mit Zuckerperlen und grünem Popcorn
bestreuen.

✦ Blaue Farbe, Eis und Milch einige Sekunden
mixen und in die vorbereiteten Gläser gießen.
Mit Sahne besprühen und mit Zuckerperlen, in
Stücken gezupfter blauer Zuckerwatte, Schleckmuscheln und grünem Popcorn dekorieren.

Tipp

Man kann den Freak Shake zusätzlich mit einer Schwanz-
flosse dekorieren. Dafür 2 walnussgroße Stücke Fondant
mit wenig blauer Lebensmittelfarbe und etwas Puderzucker
verkneten. 2 Kugeln rollen, auf Spieße stecken, zu flachen
Dreiecken und dann zu Flossen formen. Hauchdünn mit Wasser befeuchten, mit Glitter bestreuen und mindestens
4 Stunden trocknen lassen.

Tropical
STAR

Für 2 Portionen

FÜR DIE DEKO
2 Stück Kokosnuss mit Schale
30 g weiße Schokolade oder
   Kuvertüre
2 El gehäutete Pistazien, teilwei-
   se gehackt
1 Scheibe Ananas
1 Goldkiwi
1 Kiwi
2 Kakis
1 Minzezweig
2 Babybananen
2 Scheiben Melone nach Wahl
essbare, unbehandelte Blüten,
   z.B. Hibiskus

FÜR DEN SHAKE
1 sehr reife Mango
200 ml Kokoswasser (Tetrapack)

AUSSERDEM
Blütenausstecher

ZUBEREITUNGSZEIT
ca. 25 Minuten

✦ Für jeden Spieß (3-4 pro Shake) ein Loch in die Kokosschalen bohren (Nägel vom Durchmesser der Spieße leicht schräg hindurchhämmern). Nägel anschließend entfernen.

✦ Schokolade schmelzen, an die Glasränder streichen und Pistazien und einige Ananasblätter (sofern vorhanden) festkleben.

✦ Ananas, Kiwis und Kakis in Scheiben schneiden und nach Wunsch Blüten ausstechen. Mit den Babybananen, Blüten und der Minze unterschiedlich hoch auf Spieße stecken. Spieße gegebenenfalls kürzen.

✦ Mango schälen, vom Kern lösen und mit Kokoswasser hochtourig mixen. Ist die Konsistenz zu dick, einfach mit Kokoswasser verlängern. Shake in die Gläser füllen und je 1 Stück Kokosnuss und 1 Stück Melone auf die Gläser legen. Spieße erst durch die Melone, dann durch die Löcher in der Kokosnuss stecken.

Berrylicious

Für 2 Gläser

FÜR DIE DEKO

40 g weiße Schokolade
  oder Kuvertüre
rosa, pinkfarbene und weiße
  Zuckerperlen
Himbeerfruchtpulver
gefriergetrocknete Himbeeren
10 frische Himbeeren
Puderzucker
pinkfarbene Lebensmittelfarbe
6 Mini-Gugel (s. S. 6)
Schlagsahne
2 Mini-Milcheis am Stiel
Milch zum Bepinseln

FÜR DEN SHAKE

100 g gemischte, frische
  Waldbeeren (Himbeeren,
  Brombeeren, Blaubeeren)
80 g weiße Schokolade
350 ml Milch

ZUBEREITUNGSZEIT

ca. 15 Minuten (plus ca.
30 Minuten Trockenzeit)

✦ Die Schokolade schmelzen. 30 g auf die Glasränder streichen, mit Zuckerperlen und Fruchtpulver bestreuen und mit getrockneten Himbeeren bekleben. Die restliche Schokolade mit einem Löffelstiel in schöne Deko-Himbeeren streichen. Für die Gugel etwas Puderzucker mit Wasser anrühren und pink einfärben. Aufstreichen und mit Zuckerperlen verzieren. Trocknen lassen und je 3 Gugel auf Holzspieße stecken.

✦ Beeren für den Shake waschen und nach Belieben durch ein Sieb streichen. Die Schokolade schmelzen und mit Beeren und der Hälfte der Milch ca. 20 Sekunden mixen. Die Hälfte auf die Gläser verteilen. Restliche Milch in den Mixer geben und weitere 20 Sekunden mixen. Shake in die vorbereiteten Gläser gießen und mit Sahne besprühen. Mit Zuckerperlen dekorieren. 1 Eis am Stiel am unteren Rand mit etwas Milch bepinseln, in Perlen wälzen und das Eis kopfüber in die Sahne stecken. Gugel am Spieß an den Rand stecken und die Sahne mit Schokoladenbeeren belegen.

Blueberry Hill

Für 2 Gläser

FÜR DIE DEKO

30 g weiße Schokolade
   oder Kuvertüre
Quinoa-Pops
blaue Zuckerstreusel
70 g Nüsse, z. B. Walnüsse
   und Pekannüsse
1 El Zucker
2-4 Mini-Muffins oder Gugel
   (s. S. 6)
1 El Frischkäse
35 große Blaubeeren
Schlagsahne

FÜR DEN SHAKE

150 g gefrorene Blaubeeren
   (kleine Waldbeeren färben
   stärker)
1 El Zucker
100 g Milch
250 g Vanilleeis

ZUBEREITUNGSZEIT

ca. 25 Minuten

✦ Schokolade schmelzen, den Rand der Gläser bestreichen und abwechselnd mit Quinoa-Pops und Zuckerstreuseln bestreuen. Einen Teller mit Backpapier belegen. Nüsse klein hacken. Zucker in einer Pfanne schmelzen, die gehackten Nüsse hineingeben und goldbraun karamellisieren, dann sofort auf Backpapier stürzen und schnell etwas zerkleinern. Mini-Muffins mit Frischkäse bestreichen, mit Nusskrokant bestreuen und jeweils auf zwei Spieße stecken (ist stabiler). Frische Blaubeeren waschen und trocken tupfen. Jeweils 7 Blaubeeren auf 4 Spieße stecken.

✦ Für den Shake Blaubeeren mit Zucker aufkochen, durch ein Sieb streichen und abkühlen lassen (die Blaubeeren können aber auch roh verarbeitet werden, dafür werden sie einfach nur fein püriert). 2/3 des Blaubeerpürees mit der Milch für einige Sekunden hochtourig mixen. Jeweils die Hälfte des Shakes in die Gläser gießen, jeweils einige Eiskugeln hinzufügen, das restliche Blaubeerpüree hinzugeben und mit dem übrigen Shake aufgießen.

✦ Eine Sahnehaube aufsprühen, mit Zuckerperlen, Nusskrokant und Blaubeeren dekorieren und die Spieße hineinstecken.

Freaky
COCO

Für 2 Portionen

FÜR DIE DEKO

40 g weiße Schokolade
   oder Kuvertüre
5 El Kokosraspel
Schokokugeln und Zuckersterne
1 Passionsfrucht
5 Scheiben Ananas,
   0,7 -1 cm dick
4 Erdbeeren
Schlagsahne

FÜR DEN SHAKE

200 g Ananas
200 ml Kokosmilch (auf
   Wunsch light)
1 in Scheiben gefrorene Banane

AUSSERDEM

Blüten- oder Sternausstecher

ZUBEREITUNGSZEIT

ca. 15 Minuten

✦ Die Schokolade schmelzen, üppig auf die Glasränder streichen und mit einem Teil der Kokosraspel, Schokokugeln und Zuckersternen bestreuen.

✦ Die Passionsfrucht halbieren, Inhalt in eine Schale löffeln und beiseitestellen. Blüten so aus den Ananasscheiben ausstechen, dass die holzige Mitte nicht in der Mitte der Blüte liegt (sonst kann man den Spieß nicht hindurchstechen). Je 1 Blüte, Erdbeere und Ananasstückchen auf Spieße stecken.

✦ Für den Shake Ananas, Kokosmilch und Banane hochtourig cremig mixen. In die vorbereiteten Gläser füllen. Sahnehäubchen aufsprühen, Passionsfrucht darüberträufeln und mit 1 Sahnetuff abschließen. Spieße, Trinkhalme und Schirmchen hineinstecken und die Sahne mit Kokosraspeln bestreuen.

SWEDISH *Summer*

Für 2 Gläser

FÜR DIE DEKO

30 g weiße Schokolade
   oder Kuvertüre
gelbes Fruchtpulver oder
   2-3 Tropfen Lebensmittelfarbe
blaue und weiße Zuckerperlen
   oder -streusel
5 Mini-Zimtschnecken (zum
   Beispiel aus dem Supermarkt)
Schlagsahne
Blaubeersauce (s. S. 6)
1-2 El gelber Zuckerguss
2 Tl Zimt-Zucker
2 Zimtstangen
einige frische Blaubeeren

FÜR DEN SHAKE

120 ml Blaubeersauce (s. S. 6)
80 ml Milch
200 g Vanilleeis
2 Msp. gemahlener Kardamom
2 Msp. gemahlener Zimt
100 ml Vanillesauce (FP)

ZUBEREITUNGSZEIT

ca. 15 Minuten

✦ Schokolade schmelzen mit etwas gelber Farbe einfärben, den Rand der Gläser bestreichen und mit Zuckerperlen bestreuen. 1 Zimtschnecke halbieren und jeweils 1 Hälfte an jedem Glasrand festdrücken. Gläser zum schnelleren Trocknen kühl stellen. Restliche Zimtschnecken auf Spieße stecken.

✦ Alle Zutaten für den Shake, außer der Vanille-sauce, im Mixer einige Sekunden hochtourig mixen. Vanillesauce in den Gläsern verteilen, mit Blaubeershake aufgießen und je eine Sahnehaube aufsprühen. Den Shake mit Blaubeersauce und gelbem Zuckerguss begießen und mit Streuseln und je 1 Tl Zimt-Zucker bestreuen. Mit je 1 Zimtstange, 2 Zimtschneckenspießen und frischen Blaubeeren dekorieren.

HAPPY
Birthday!

Für 2 Gläser

FÜR DIE DEKO
3 El dick angerührter,
  roter Zuckerguss
Zuckerkonfetti
Metallic-Zuckerperlen
2 Stück Kuchen nach Wahl,
  vorzugsweise mit Streuseln
  gebacken, alternativ Muffins,
  Donuts oder Gugel
Schlagsahne
Regenbogen-Popcorn (s. S. 7)
4 bunte Lollies

FÜR DEN SHAKE
2 Bananen
250 ml Milch

AUSSERDEM
Spaghettikerzen

ZUBEREITUNGSZEIT
ca. 15 Minuten

✦ Den Rand der Gläser unregelmäßig mit dickflüssigem Zuckerguss bestreichen und mit Zuckerkonfetti und -perlen bestreuen. Kuchenstücke mit Kerzen bestecken.

✦ Für den Shake Bananen und Milch 20 Sekunden hochtourig mixen, in die vorbereiteten Gläser füllen und mit einer Sahnehaube versehen, die nur 1-2 cm über den Rand hinausragt. Kuchen daraufsetzen und leicht andrücken. Sahnetuffs auf die Kuchen sprühen, mit Zucker-Konfetti bestreuen und mit buntem Popcorn dekorieren. Lollies seitlich ins Glas stecken.

Alpenglühen

Für 2 Portionen

FÜR DEN ZWETSCHGENRÖSTER

400 g Zwetschgen
60 g Zucker
80 ml Traubensaft oder
    Orangensaft
1 Zimtstange
1 Tl Speisestärke

FÜR DIE DEKO

30 g dunkle Schokolade
    oder Kuvertüre
2 El Haselnusskrokant
2 El Marillenmarmelade (FP)
2 El Zwetschgenröster
    (Rezept s. o.)
4 große Kaiserschmarrnstücke
    (Rezept s. re.)
Puderzucker

✦ Für den Zwetschgenröster die Zwetschgen waschen, halbieren und entkernen. Zucker in einem Topf karamellisieren, mit 60 ml Saft ablöschen, Zimt und Zwetschgen hinzufügen und 10 Minuten sanft köcheln lassen. Stärke in 20 ml Saft glatt rühren, die Zimtstange entfernen, die Stärke zu den Zwetschgen rühren und 2 Minuten leicht köcheln, dann abkühlen lassen. Für die Deko Schokolade schmelzen, dann auf die Glasränder streichen und mit Krokant bestreuen.

✦ Für den Kaiserschmarrn Milch mit Mehl in einer Schüssel glatt rühren. Mit Zucker, Salz, Vanille und Eiern rasch zu einem Teig verrühren. Butterschmalz in eine kleine Pfanne geben, Teig hineingießen, abdecken und bei mittlerer Hitze einige Minuten backen. Ist die untere Seite leicht gebräunt, den Schmarren vierteln, umdrehen und weiterbacken. Schmarrn für den Shake nicht zerreißen und die fertigen Viertel auf einem Teller erkalten lassen.

FÜR DEN KAISERSCHMARRN

125 ml Milch
3 El Mehl
1 El Zucker
1 Prise Salz
1 Msp gemahlene Vanille
3 Eier Gr. M
1 Tl Butterschmalz

FÜR DEN SHAKE

80 ml Saft aus dem
  Zwetschgenröster (s. li.)
200 g Nusseis, alternativ
  Vanilleeis
220 ml Milch

ZUBEREITUNGSZEIT:

ca. 30 Minuten

✦ 80 ml Saft aus dem Röster in den Gläsern verteilen, 2 El Zwetschgen zum Abtropfen in ein Sieb legen. Eis und Milch für den Shake einige Sekunden hochtourig mixen und vorsichtig über einen Löffelrücken auf den Saft gießen. Shake bis zum Glasrand dünn mit Sahne besprühen. Jeweils 2 Kaiserschmarrnviertel aufeinanderlegen, und je 1 ein Loch für die Trinkhalme ausstechen. Schmarrn auf die Gläser legen, mit Sahne dekorieren, Zwetschgen darauflegen, mit Marillenmarmelade garnieren und mit Puderzucker bestäuben. Den restlichen Zwetschgenröster anderweitig verwenden.

SPICY
Pumpkin

Für 2 Portionen

FÜR DIE DEKO

60 g dicke Karamellcreme aus dem Glas oder Erdnussbutter
gemischte Nüsse, Schoko-Kugeln
Kekse nach Wahl
Karamellsauce
Zuckerstreusel und/oder Amaranth-Pops
Schlagsahne
2 Mini-Donuts (s. S. 7)
Candy Corns (s. u.)
frisch geriebener Muskat

FÜR SELBSTGEMACHTE CANDY CORNS (alternativ FP)

ca. 100 g Puderzucker
Lebensmittelfarbe, gelb und orange (oder natürlich färben mit frischer Kurkumawurzel)
3 El Mini-Marshmallows

✦ Karamellcreme oder Erdnussbutter auf die Glasränder streichen, Glasrand-Deko festdrücken und Gläser in den Kühlschrank stellen.

✦ Für die Candy Corns aus Puderzucker, 1 Spritzer heißem Wasser und ein wenig gelber und oranger Lebensmittelfarbe kleine Mengen Zuckerguss anrühren. Mini-Marshmallows mit einer Pinzette erst in gelbe, dann in orangene Farbe tunken und hochkant auf Backpapier trocknen lassen. Kekse dünn mit Karamellcreme bestreichen und mit Streuseln oder Amaranth-Pops bestreuen.

✦ Für den Shake Kürbispüree, Milch und Sirup oder Gewürze hochtourig mixen und in die Gläser füllen. Je 2 Kugeln Vanilleeis hineingeben und alles mit Sahnehauben versehen. Kekse mittig auf die Sahne setzen, Trinkhalme hinein- und je 1 Donut darüberstecken. Die Sahne mit Candy Corns bestreuen und mit etwas Muskat bestäuben.

FÜR DEN SHAKE

3 El Kürbispüree (s. Tipp)
200 ml Milch
2 Tl Pumpkin-Spice-Sirup
   (alternativ 2 Msp. Zimt und je
   1 Msp. gem. Nelken, Ingwer,
   Muskat und Piment)
4 Kugeln Vanilleeis

ZUBEREITUNGSZEIT

25 Minuten

Tipp

Für das Kürbispüree 1 Hokkaido-
Kürbis waschen, putzen, entkernen und in 2 cm
dicke Spalten schneiden. 100 ml Wasser in einer
Form bei 190 °C 45 Minuten backen, bis das Fleisch
weich ist. Pürieren und in Gläschen füllen. Das
Püree lässt sich für spätere Verwendung auch
prima einfrieren.

COOKIES 'N'
Cream

Für 2 Portionen

FÜR DIE DEKO
16 Oreo Cookies in verschiede-
   nen Größen
30 g weiße Schokolade oder
   Kuvertüre
2 Mini-Donuts (s. S. 7)
Schlagsahne

FÜR DEN SHAKE
10 Oreo Cookies (Standard-Größe)
200 g Vanilleeeis
250 ml Milch
Schokosauce

ZUBEREITUNGSZEIT
ca. 15 Minuten

✦ 4 normal große Oreos trennen und die Creme herausstreichen. Oreos im Blender fein zerkleinern und in eine flache Schale geben.

✦ Schokolade schmelzen, auf die Glasränder streichen, Oreocreme an den unteren Schokorand drücken und die Gläser kopfüber in den zermahlenen Oreos wälzen. Die Oreocremestückchen unterhalb der Kekskrümel festdrücken. Donuts auf je 2 Spieße stecken.

✦ Für den Shake die Oreos im Blender fein zerkleinern, Eis und Milch hinzufügen und hochtourig mixen. Schokosaucenspritzer in die Gläser geben, die Shakes in die Gläser gießen und mit Sahnehauben besprühen. Die Donuts hineinstecken, alles mit Oreos dekorieren, dafür einige auf Spieße stecken, und die Sahne mit etwas gemahlenen Oreos bestreuen.

HALLOWEEN
Monster

Für 2 Portionen

FÜR DIE DEKO

knallrote Fruchtsauce
(z. B. aus Cranberrys, s. S. 6)
35 g dunkle Schokolade
buntes Popcorn (s. S. 7)
4 Fruchtgummi-Augen
2 Donuts (vom Bäcker, evtl.
nachträglich mit grünem
Zuckerguss überzogen)
2 Mini-Donuts (s. S. 7)

FÜR DEN SHAKE

2 Bananen
200 g Vanille-, Schoko-,
Erdnussbutter oder Karamelleis
100 ml Milch
2 Msp Zimt
1 Msp Muskat
knallrote Fruchtsauce
(z. B. aus Cranberrys, s. S. 6)

AUSSERDEM

Einmalspritzen aus der Apotheke

ZUBEREITUNGSZEIT

15 Minuten

✦ Die rote Fruchtsauce sollte sehr dickflüssig sein – eventuell also etwas einkochen und dann wieder abkühlen lassen. Die Schokolade schmelzen, großzügig an den Glasrändern verteilen und dicht Popcorn hineindrücken. Gläser kühl stellen. Jeweils 1 Auge in die Gläser geben.

✦ Für den Shake Bananen, Eis, Milch, Zimt und Muskat kurz und hochtourig mixen, etwas Fruchtsauce in die Gläser spritzen und sofort den Shake hinzugießen. Donuts aufsetzen, je 1 Auge mit Zahnstocher befestigen, Trinkhalme durch die Donuts schieben und alles großzügig mit Fruchtsauce bespritzen.

Schneewittchens
KARAMELL-APFEL

Für 2 Portionen

FÜR DIE KARAMELLÄPFEL
2 kleine Äpfel
12 weiche Sahne-
   karamell-Bonbons

FÜR DIE DEKO
2 Kekse mit größerem ø als
   die verwendeten Gläser
Nusskrokant
30 g dunkle Schokolade
   oder Kuvertüre
Karamell-Popcorn
2 Karamelläpfel (Rezept s. o.)

FÜR DEN SHAKE
250 g Vanilleeis, 200 ml Milch
1 Msp. gemahlener Kardamom
1 Msp Zimt
4 El Apfelmus, Karamellsauce

AUSSERDEM
Eisstiele

ZUBEREITUNGSZEIT:
ca. 20 Minuten (plus ca.
1 Stunde Ruhezeit)

✦ Für die Karamelläpfel die Äpfel sehr heiß waschen, um die Wachsschicht zu entfernen, abtrocknen und je 1 Stiel oben hineinstecken. Die Karamellbonbons mit 1 Esslöffel Wasser in einem kleinen Topf bei mittlerer Hitze unter Rühren schmelzen. Den Topf schräg halten und die Äpfel nacheinander im heißen Karamell rollen, überschüssiges Karamell abstreifen, die Äpfel auf Backpapier stellen und für ca. 1 Stunde im Kühlschrank trocknen lassen. Mit übrigem Karamell die Kekse dünn bepinseln und mit Krokant bestreuen. Die Schokolade schmelzen, an die Glasränder streichen und mit Popcorn bekleben.

✦ Für den Shake Eis, Milch und Gewürze mixen. Apfelmus in die Gläser verteilen, Karamellsauce an die oberen Glasränder träufeln und sofort mit dem Shake aufgießen.

✦ Je 1 Keks auf die Gläser legen, vorsichtig mit einem spitzen Gegenstand seitlich 2 Löcher stechen und die Trinkhalme durchstechen. Die Äpfel aufsetzen und nach Wunsch noch etwas Krokant aufstreuen.

COOKIE-
doughrious!

Für 2 Portionen

COOKIE DOUGH
75 g weiche Butter
40 g brauner Zucker
40 g Zucker
1 Msp. gemahlene Vanille
30 g Milch
1 Prise Salz
90 g Mehl (ca. 10 Minuten
   im Backofen auf 100 °C
   erhitzt und abgekühlt)

FÜR DIE DEKO
ca. 8 El Cookie Dough (s. o.)
4 El Schokotropfen oder
   Schokostücke
2 Schokodonuts
Schlagsahne
2 Schoko-Cookies

FÜR DEN SHAKE
1 El Schokostücke
2 El Cookie Dough (s. o.)
200 g Vanilleeis
200 ml Milch

ZUBEREITUNGSZEIT
ca. 30 Minuten

✦ Für den Cookie Dough alle Zutaten zu einem weichen Teig verarbeiten und diesen 10 Minuten in den Tiefkühler geben. Einen Teil des Teigs mit einem Löffel großzügig an den Glasrändern verteilen, Schokostücke hineindrücken und die Gläser in den Kühlschrank stellen.

✦ Für den Shake die Schokostücke fein zerkleinern, Cookie Dough, Eis und Milch hinzufügen und hochtourig mixen. Shake in die Gläser füllen, Donuts aufsetzen, Trinkhalme hindurchstecken und in die Mitte 1 Klecks Cookie Dough setzen. Sahnetuff aufsprühen, alles mit Schokostücken bestreuen und mit 1 Cookie dekorieren.

Rocky Road

Für 2 Portionen

FÜR DIE DEKO

10 g dunkle Schokolade
25 g weiße Schokolade oder
   Kuvertüre
Karamell- oder anderes Popcorn
Schokostückchen
Nüsse
Mini-Marshmallows
große Marshmallows
2 Baisers
Schlagsahne
Schokoladensauce

FÜR DEN SHAKE

3 Erdnussbutter
150 g Vanilleeis
200 ml Milch
50 ml Schokosauce

AUSSERDEM

Flammbierbrenner

ZUBEREITUNGSZEIT

ca. 15 Minuten

✦ Dunkle und weiße Schokolade getrennt schmelzen. Weiße Schokolade großzügig an den Glasrändern verteilen. Popcorn, Schokostückchen, Nüsse und Mini-Marshmallows in dunkle Schokolade tauchen und an den Glasrand kleben. Gläser einige Minuten kühl stellen. Große Marshmallows und Baisers aufspießen und mit dem Brenner leicht karamellisieren.

✦ Für den Shake Erdnussbutter, Eis und Milch kurz, aber hochtourig mixen. Schokosauce unregelmäßig in die Gläser spritzen, den Shake sofort dazugießen. Sahnehaube aufspritzen und die Spieße und Trinkhalme hineinsetzen. Sahne mit Marshmallows, Nüssen und Popcorn bestreuen und mit Schokosauce begießen.

LOST IN
Chocolate

Für 2 Portionen

FÜR DIE DEKO

30 g weiße Schokolade oder
   Kuvertüre
Schokoröllchen, Schokoperlen,
   Herzen oder Sterne
Schlagsahne
2 Schokokuchenstücke
   (etwas größer als der Glasdurch-
   messer)
Schokosauce

FÜR DEN SHAKE

150 g Vanilleeis
250 ml Milch
Schokosauce
100 g Schokoladeneis

AUSSERDEM
Spaghettikerzen

ZUBEREITUNGSZEIT
ca. 15 Minuten

✦ Die Schokolade schmelzen, an die Glasränder streichen und mit Schoko-Deko bekleben.

✦ Für den Shake Vanilleeis und Milch einige Sekunden hochtourig mixen. Einige Spritzer Schokosauce an die Glasinnenseiten spritzen, je 1 Kugel Schokoeis hineinsetzen und mit Vanille-shake aufgießen. Sahnehauben aufspritzen, die Kuchenstücke auflegen und mit Schokosauce besprenkeln. Trinkhalme in die Sahne stecken und die Kerzen in die Kuchen.

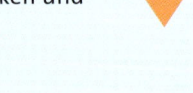

PROTEIN-
Booster

Für 2 Gläser

FÜR DIE DEKO

4 El Nussmus (z. B. Mandel
   oder Haselnuss)
2 El Studentenfutter
Granola
etwas Schlagsahne
Kakao
verschiedene Power-Riegel
   (Fruchtschnitten, Eiweißrie-
   gel oder Müsliriegel)
Nüsse

FÜR DEN SHAKE

150 g Magerquark
220 g Milch
1 Banane

ZUBEREITUNGSZEIT

ca. 20 Minuten

✦ Je 1 El Nussmus innen mit einem Löffel unregelmäßig an die Glasränder streichen. Je 1 El Nussmus oben außen unregelmäßig an die Glasränder
streichen. Die Gläser sofort für 5 Minuten in den
Tiefkühler stellen. Zutaten für den Shake 20 Sekunden hochtourig mixen.

✦ Studentenfutter und Granola in den Nussmus-
rand drücken, Shake einfüllen, mit einer kleinen
Sahnehaube bedecken und mit Kakao besieben.

✦ Ein Loch in 1 Stück Power-Riegel bohren und
einen Trinkhalm hindurchstecken. 1 Riegel dia-
gonal in die Sahnehaube stecken. Den Shake mit
Fruchtschnitten,
Nüssen und Granola
dekorieren und den
Trinkhalm mit dem
Riegel hineinstecken.

Nussknacker

Für 2 Portionen

FÜR DIE DEKO
5 Herzwaffeln (Rezept
   nach Wahl)
80 g Haselnussmus, Mandel-
   mus oder Erdnussbutter
100 g gemischte, geschälte
   Nüsse (z. B. Pekannüsse,
   Walnüsse, Pistazien,
   Cashews oder Haselnüsse)
1 El Zucker
50 g gekühltes Nougat
Schlagsahne

FÜR DEN SHAKE
2 Bananen
100 g Vanille- oder Nusseis
100 ml Milch
20 g Nussmus

AUSSERDEM
Waffeleisen

ZUBEREITUNGSZEIT
ca. 30 Minuten

✦ Die Herzwaffeln nach Rezept der Wahl nicht zu kross backen. Den Rand der Gläser dick mit Nussmus bestreichen und sofort für 5 Minuten tiefkühlen. 2/3 der Nüsse in die Ränder drücken und erneut kühl stellen.

✦ Zucker schmelzen, die restlichen Nüsse darin goldbraun karamellisieren und getrennt auf Backpapier trocknen lassen. Mit einem Sparschäler dicke Raspel vom Nougat hobeln und kühl stellen.

✦ Für den Shake Bananen, Eis und Milch hochtourig mixen. An die Innenseite der Gläser das Nussmus streichen und den Shake hineingießen. Je 2 Waffeln korbartig auf die Gläser setzen und in die Mitte jeweils ein Loch stechen. Mit Sahne besprühen und mit karamellisierten Nüssen und Nougat-locken bestreuen. Ein Waffelherz in die Sahne stecken, Trinkhalme durch die Waffelmitten stecken und servieren.

X-Mas

Für 2 Portionen

FÜR DIE CRANBERRYS
100 g Zucker
100 g frische Cranberrys

FÜR DIE DEKO
40 g dunkle Schokolade oder
    Kuvertüre
26 gezuckerte Cranberrys
    (Rezept s. o.)
rote, rosafarbene und grüne
    Zuckerstreusel
Schlagsahne
Schokosauce
2 Waffeln, zum Stern ausgesto-
    chen, oder Kekse
2 Zuckerstangen
4 Mini-Zuckerstangen

FÜR DEN SHAKE
2 Zuckerstangen, alternativ
    4 Tropfen Minzöl oder Sirup
200 g Vanilleeis
250 g Milch
80 ml Cranberrysauce (s. S. 6)

ZUBEREITUNGSZEIT
ca. 30 Minuten (plus ca. 1 Stunde
30 Minuten Ruhezeit)

✦ Für die gezuckerten Cranberrys 70 g Zucker mit 40 ml Wasser einige Minuten köcheln, bis sich der Zucker vollständig aufgelöst hat. Sirup etwas abkühlen, die Beeren hineingeben, ganz mit dem Sirup benetzen, auf ein Abtropfgitter legen und 1 Stunde trocknen lassen. Anschließend immer 3 Beeren in restlichem Zucker wälzen und trocknen lassen.

✦ Für die Deko Schokolade schmelzen. Unregelmäßig auf den Gläsern verteilen und die Beeren zur Hälfte in Schokolade tauchen. An den Beeren leicht antrocknen lassen. In der Zwischenzeit die unteren Schokoränder mit Streuseln bestreuen, danach die Beeren vorsichtig andrücken.

✦ Für den Shake die Zuckerstangen in einem Hochleistungsmixer fein zerkleinern. Alternativ Minzöl oder -sirup verwenden. Eis und Milch hinzufügen und zu einem Shake mixen. Fruchtsauce in die Gläser füllen, einen kleinen Rest als Deko zurückbehalten. Shake in die Gläser füllen und mit Sahnehauben besprühen. Sahne mit Schokosauce, restlicher Fruchtsauce, Cranberrys, Streuseln und Waffel oder Keks am Spieß dekorieren. Trinkhalme und Zuckerstangen hineinstecken.

Sweet
GINGERBREAD

Für 2 Portionen

FÜR DIE DEKO

40 g dunkle Schokolade oder
   Kuvertüre
14 Zimtsterne
weiße Schokosterne, oder
   alternativ Streusel
10 Mini-Lebkuchen
2 Schokoweihnachtsmänner
Schlagsahne
4 Mini-Spekulatius
Zimt-Zucker

FÜR DEN SHAKE

150 g Schokoladeneis
250 ml Milch
1 gestr. Tl Lebkuchengewürz
Schokosauce
2 Kugeln Vanilleeis

ZUBEREITUNGSZEIT

ca. 15 Minuten

✦ Schokolade schmelzen. Ein Teil auf die Rückseite der Zimtsterne tupfen, den Rest auf die Glasränder streichen und einige Minuten antrocknen lassen. Zimtsterne vorsichtig auf die Schokolade drücken, freie Stellen mit Schokosternen oder Streuseln bestreuen, die Gläser kühl stellen. Jeweils 2-3 Lebkuchen und 1 Zimtstern auf Spieße stecken.

✦ Für den Shake Schokoeis, Milch und Gewürz kurz und hochtourig mixen. Etwas Schokosauce in die Gläser sprenkeln, je 1 Kugel Vanilleeis hineingeben und sofort mit Shake begießen. Sahnehauben aufspritzen, Spieße, Halme, Weihnachtsmänner und Spekulatius hineinstecken und mit Zimt-Zucker bestreuen.

Toffeelicious

Für 2 Portionen

FÜR DIE DEKO

40 g dunkle Schokolade
   oder Kuvertüre
Peanut Butter Cups
   (Online-Handel)
Salzbrezel
weiche Sahnekaramellbonbons
2 Waffeltüten
Karamellsauce oder
   Karamellcreme aus dem Glas
Nusskrokant (FP)
Schlagsahne
Karamellpopcorn
2 Prisen Salzflocken nach
   Belieben

FÜR DEN SHAKE

250 g Salzkaramelleis
   oder Karamelleis
1 Msp Salz
250 ml Milch
Karamellsauce oder
   Karamellcreme aus dem Glas

ZUBEREITUNGSZEIT

ca. 15 Minuten

✦ Schokolade schmelzen. Peanut Butter Cups und Salzbrezel von einer Seite in Schokolade tauchen und ca. 3 Minuten antrocknen lassen. Restliche geschmolzene Schokolade dick an den Glasrändern verteilen und Peanut Butter Cups und Salzbrezel hineindrücken. Gläser kühl stellen.

✦ Karamellbonbons etwas zerbrechen und auf-spießen. Die Spitzen der Waffeltüten mit Karamell bestreichen und in Nusskrokant wälzen.

✦ Für den Shake Karamelleis, Salz und Milch mixen. Etwas Karamellsauce oder -creme innen an die Gläser streichen und sofort mit Shake auffül-len. Sahnehaube aufsprühen, Karamellspieße und Eistüte hineinstecken und die Shakes mit Popcorn bestreuen. Wer möchte, kann noch je 1 Prise Salz-flocken über die Sahne streuen.

WINTER-

Berry

Für 2 Portionen

FÜR DIE DEKO

30 g weiße Schokolade oder
  Kuvertüre
gefriergetrocknete Erdbeeren
  und Himbeeren
4 rohe Energiekugeln
1 großer Quinostaler oder
  alternatives Gebäck (Reiswaffel)
  z. B. aus dem Bioladen
Fruchtpulver (Gewürzhandel,
  Bioladen)
80 ml Cranberrysauce oder
  andere rote Fruchtsauce (s. S. 6)
Schlagsahne, Schokosauce
Amaranth-Pops und/oder
  Quinoa-Pops
Cornflakes oder Granola

FÜR DEN SHAKE

100 ml Joghurt
2 Bananen, 200 ml Milch
1 Msp. gemahlene Vanille
optional je 1 Kugel Vanilleeis

ZUBEREITUNGSZEIT

ca. 15 Minuten
(plus ca. 10 Minuten Ruhezeit)

✦ Schokolade schmelzen, auf die Glasränder
pinseln, kurz kühl stellen und anschließend die
Früchte hineindrücken. Energiekugeln mit je
1 Frucht auf Spieße stecken, Gebäcktaler vorsichtig
aufspießen und alles mit etwas Fruchtpulver besieben. Fruchtsauce (bis auf 2 Esslöffel) mit einem
Esslöffel waagerecht auf die Innenseite der Gläser
streichen und die Gläser für 10 Minuten einfrieren.
Die restliche Fruchtsauce in die Gläser füllen.

✦ Für den Shake Joghurt, Bananen, Milch und
Vanille hochtourig mixen. Shake aufgießen, optional je 1 Kugel Eis hinzugeben und Sahnehaube
aufsprühen. Spieße und Trinkhalme in die Sahne
stecken, Schokosauce aufträufeln, Sahne mit Pops
und Cerealien bestreuen und mit Fruchtpulver
besieben.

CHOCOLATE
Kiss

Für 2 Portionen

FÜR DIE DEKO
35 g dunkle Schokolade oder
   Kuvertüre
10 kleine Schokoküsse
Schokostückchen und
   Schokoperlen
Schlagsahne
10 Schokosticks

FÜR DEN SHAKE
1 Banane
200 g Schokoladeneis
200 ml Milch
Schokosauce

ZUBEREITUNGSZEIT
ca. 15 Minuten

✦ Schokolade schmelzen und gleichmäßig an den Glasrändern verteilen. Die Böden der Schokoküsse entfernen und einige an den Schokoladenrand drücken. Schokostückchen und -perlen ebenfalls befestigen.

✦ Für den Shake Banane, Eis und Milch hochtourig mixen. Etwas Schokosauce in die Gläser träufeln. Den Shake daraufgießen. Sahnehaube aufsprühen und Trinkhalme und Schokosticks hineinstecken. Zum Schluss die Schokoküsse und Böden in die Sahne drücken und alles mit Schokoperlen bestreuen.

Rezeptverzeichnis